Thèse

POUR LA LICENCE.

L'acte public sur les matières ci-après sera soutenu,

le vendredi 9 février 1855, à deux heures,

Par Jules-François AUDIBERT, né à Paris.

Président : M. ROYER-COLLARD, Professeur.

Suffragants :
MM. VALETTE,
PERREYVE,
MACHELARD,
DURANTON,

Professeurs.

Suppléant.

Le Candidat répondra en outre aux questions qui lui seront faites sur les autres matières de l'enseignement.

PARIS,

VINCHON, FILS ET SUCCESSEUR DE Mme Ve BALLARD,

Imprimeur de la Faculté de Droit,

RUE J.-J. ROUSSEAU, 8.

—

1855.

A MA MÈRE, A MON FRÈRE, A MA SŒUR.

———

A LA MÉMOIRE DE MON PÈRE.

JUS ROMANUM.

Omnia quæcumque sunt, sive in natura reperiuntur, sive in cogitatione tantum consistunt, res vocantur.

In se consideratæ et perpensæ res corporales sunt, vel incorporales prout sub sensum cadunt, aut non ; deinde corporales, fundus et servus quia tangi possunt; incorporales hereditas et ususfructus, quia tangi non possunt et in jure tantum consistunt.

Aliæ et multæ rerum divisiones fieri possunt. Justinianus res quæ in patrimonio nostro, quæ extra patrimonium sunt, distinguit. Sed in Digestorum, ex Gaii Institutionibus divisione, aliæ res sunt divini juris, aliæ humani juris.

Res divini juris sunt sacræ, vel religiosæ, vel sanctæ.

Sacræ res sunt hæ quæ publice consecratæ sunt, non private, ut ædes sacræ.

Religiosus fit fundus cum in eum unusquisque infert mortuum.

Sanctæ sunt res quæ sanctione confirmatæ sunt, ut muri et oppidorum portæ.

Inter humani juris res quædam sunt communes, quædam universitatis, quædam nullius, quædam singulorum.

Communes sunt res quibus frui possunt omnes homines, ut aer, aqua profluens, mare, fluminum riparum usus.

Universitatis sunt res quibus omnes urbis cives frui possunt, sed quæ sunt in civitatis dominio, ut theatra stadiaque civitatis.

Sunt nullius res quas nemo in bonis habet, ut res divini juris et adhuc insula in mari nata.

DE ACQUIRENDO RERUM DOMINIO.

(D., xli, 1.)

Plenissimum jus quod in rebus habere possumus est dominium; dominium definitur jus utendi, fruendi et abutendi re sua quatenus juris ratio patitur.

Rerum dominium nobis acquiritur jure naturali et jure civili.

Modus per quem jure naturali res acquirimus, est triplex : 1° occupatio; 2° accessio; 3° tandem traditio.

Et primum de occupatione videamus.

De occupatione. — Occupatio est apprehensio rei corporalis quæ aut nullius aut hostium sit, cum animus eam sibi habendi ; quæ nullius sunt apprehendi possunt venatu, aucupio, piscatione, occupatione proprie dicta, aut tandem inventione.

Omnia igitur animalia quæ terra, mari cœloque capiuntur, id est feræ, volucres et pisces, illius fiunt qui primus cepit.

Insula quoque quæ in mari nascitur occupantis primi fit, nam nullius esse habetur : ea pars maris quam tenet ædificium meum, meum fit per occupationem; inventione etiam statim domini fimus lapillorum, gemmarum, cæterorum quæ in littore invenimus.

Inter occupationis genera, notanda est inventio thesauri,

qui definitur : vetus quædam depositio pecuniæ, cujus non exstat memoria ut jam dominum non habeat. Dimidium thesauri domino fundi acquiritur, dimidium inventori.

De accessione. — Accessio acquirendi modus est dominii in jure gentium vi ac potestate rei nostræ. Nostra sunt igitur quæ ex re nostra nascuntur, quæ ei uniuntur ac consolidantur, et quæ in ea conflantur aut conficiuntur, ut partus animalium aut servarum qui pars erant aliqua rei nostræ.

Idem de rebus quæ solo nostro accedunt, ut ædificium, planta quæ in fundo nostro coaluit, pars fundi quam vis fluminis prædio nostro adjecit. Idem de rebus quæ cum nostris rebus ita mixtæ sunt ut jam non ad pristinum statum reverti possint.

De traditione. — Per traditionem quoque jure naturali res nobis acquisitæ sunt. Traditio est possessionis rei in aliquem facta translatio.

Ut traditione nobis rerum dominium translatum sit, requiruntur sequentes conditiones :

1° Res tradi debet ab eo qui jus alienandæ rei habet, aut suo nomine.

2° Justa causa est necessaria.

3° Consensus tradentis et accipientis requiritur.

4° Denique, si traditio fit ex causa venditionis, requiritur ut pretium solutum sit, aut eo nomine satisfactum.

Non solum per nosmetipsos, sed etiam per omnes quos in possessione habemus acquirere possumus, id est per liberos nostros et servos, et etiam per liberas personas aut servos alienos quos bona fide possidemus.

Communis servus pro parte dominii, cuique domino acquirit generaliter.

Usufructuario quod ex re ejus operisve facit, acquirit, aut cum nominatim eo stipulatus est.

Dominium amittimus rerum quæ derelinquimus; exceptis tamen rebus in tempestate maris, levandæ navis causa, ejectis.

Dominium ferarum amittimus, cum desinimus eas occupare.

NE QUID IN LOCO SACRO.

(D., XLIII, 6.)

Hoc interdicto prætor in loco sacro facere in eumve immittere vetat.

Idem quoque dicendum est de sanctis locis.

Hoc interdictum prohibitorium est et restitutorium.

DE LOCIS ET ITINERIBUS PUBLICIS.

Hoc interdicto cuilibet in publicum petere permittendum est quod ad usum omnium pertineat omnes vias, etiam vicinales amplectitur.

NE QUID IN LOCO PUBLICO.

(D., X, tit. III, 8.)

Prohibet prætor in loco publico aliquid facere aut immittere qua ex re alicui damnum detur, et adhuc in via publica itinereve publico quid facere aut immittere quo ea via idve iter deterius sit.

Hæc interdicta, quæ ambo prohibitoria sunt, ad publicas res solum pertinent.

Tertio interdicto jubet prætor quod in via publica itinereve publico immissum habes quo ea via, idve iter sit deterius, restituere.

Hoc interdictum, quod perpetuum est adversus eum qui utitur et jure possessionis fruitur, vel adversus eum cujus dolo malo factum sit quominus possideret vel haberet, datum est.

Denique vetat prætor vim fieri illis qui in viam publicam aut iter publicum eunt.

DE VIA PUBLICA.

(D., xliii, 10.)

De urbicis viis curant ædiles.

Mulctant secundum legem pecunia eos qui viam obstruerunt et quod factum dissolvant.

DE FLUMINIBUS.

(D., xliii, 12.)

Primo interdicto prætor vetat in flumine publico aut ripa publica quid facere aut immittere, quo statio, iterve navigio deterior sit, secundo quod in flumen ripamve immissum fuit, restituere debet.

Hæc interdicta solum ad publica et navigabilia flumina pertinent.

NE QUID IN FLUMINE PUBLICO FIAT.

(D., xliii. 13.)

Duo quoque interdicta hoc titulo proponuntur.

Primo vetat prætor aliquid in flumine publico aut in ripa ejus facere vel immittere quo aliter aqua fluat quam priore ætate fluxit.

Secundo, restitutionem rerum in pristinum statum jubet. Exceptis tamen operibus ripæ muniendæ causa factis aut quia grande damnum flumen prædio dabat.

UT IN FLUMINE PUBLICO NAVIGARE LICEAT.

(D., xliii, 14.)

Denique, ut in via publica, prætor vetat aliquem navem, vel ratem in flumine publico agentem vi impedire aut per ripam onerantem exonerantemve.

Hæc interdicta in viis publicis et in fluminibus multas habent similitudines. In duobus casibus enim interdictum res fere similes prohibet, et alium interdictum ad pristinum statum reverti jubet, et omnia destruere contra legem facta opera.

POSITIONES.

I. Littora maris sunt communia et non publica.

II. Bona fide possessor suos officit omnes fructus.

III. Si aliquis vetet me in suum fundum ire, et hic aliquam feram capiam, meam facio.

IV. Res derelictæ occupatione acquiruntur.

V. In avulsione fundus vindicari potest quamvis arbores in alienam terram radices jam immiserint.

VI. Thesaurus in religioso loco inventus, totus inventoris fit.

VII. Hereditate jacente, res hereditariæ sunt nullius.

VIII. Qui bona fide construxit actionem habet.

DROIT FRANÇAIS.

(Code Napoléon, art. 516 à 543, 2226 et 2227.)

NOTIONS PRÉLIMINAIRES.

Le second livre du Code Napoléon est spécialement consacré aux biens et aux différents droits qu'on peut avoir sur eux. La loi se sert souvent des mots *choses* et *biens*; il est donc nécessaire d'en connaître la signification. Le mot *chose* s'applique à tout ce qui se trouve dans la nature, *quod est*, et le mot *biens* aux choses qui sont susceptibles d'entrer dans le patrimoine de quelqu'un. Ainsi, les vents, l'air, la lumière et les astres, sont des choses, parce que personne ne peut avoir sur elles une propriété exclusive. Il en est autrement d'un cheval, d'une maison, etc.; ce sont donc des biens. Les choses diffèrent des biens comme le genre de l'espèce; les choses sont le genre et les biens l'espèce. Cependant, la loi ne fait pas toujours cette distinction, et partout où elle parle des choses elle veut désigner les biens.

DE LA DISTINCTION DES BIENS.

Les biens, dans le titre Ier, sont considérés sous deux rapports : 1° en eux-mêmes dans l'article préliminaire ainsi que dans les chap. 1 et 2 ; 2° dans leur rapport avec ceux qui les possèdent, objet du chap. 3.

Considérés en eux-mêmes, les biens sont corporels ou incorporels : corporels quand ils ont un corps réel et peuvent être perçus par nos sens, par exemple un cheval, une maison ; incorporels quand, ne tombant pas sous nos sens, ils ne peuvent être compris que par l'intelligence : tels sont les droits d'usufruit, d'usage, de servitude, etc.

Cette distinction, admise par induction des art. 516, 517 et 527, n'est pas purement doctrinale ; elle a un côté pratique qu'il importe de signaler. 1° Tous les biens corporels immobiliers peuvent être hypothéqués ; l'usufruit seul, parmi les biens incorporels immobiliers, est susceptible d'hypothèque (art. 2118) ; 2° les créanciers peuvent poursuivre la saisie et l'expropriation forcée de tous les biens corporels de leur débiteur ; parmi les biens incorporels l'usufruit seul est susceptible d'expropriation forcée (2204) ; 3° enfin la vente de certains biens incorporels est soumise à des règles spéciales (1689 et suiv.)

DES IMMEUBLES.

L'art. 516 nous dit que les biens sont meubles et immeubles. Ils sont meubles quand, par leur propre force ou par une force étrangère, ils peuvent se mouvoir et aller d'un lieu dans un autre. Ils sont immeubles quand ils consistent dans le sol lui-même ou quand ils y adhèrent. Cependant le législateur déclare immeubles par destination certains meubles placés sur un immeuble, soit à perpétuelle demeure et pour le compléter, soit pour l'exploiter; ils sont, pour ainsi dire, immobilisés. Enfin, certains droits incorporels qui ne sont, par leur nature, ni meubles ni immeubles, sont, par une fiction de la loi, rangés parmi les immeubles quand ils s'appliquent à des immeubles : tels sont les droits d'usufruit, d'usage, etc.

D'après cela on voit qu'il y a trois sortes d'immeubles : les immeubles par nature; les immeubles par destination; les immeubles par l'objet auquel ils s'appliquent.

PREMIÈRE CLASSE.

Des immeubles par nature.

Les immeubles par nature sont : 1° les fonds de terre; 2° les bâtiments; 3° les moulins à vent ou à eau fixés sur piliers, les moulins faisant partie des bâtiments (la loi semble exiger ces deux conditions, tandis qu'une seule suffit; la conjonction *ou* doit donc être remplacée par la conjonction *et*; art. 519 comparé avec l'art. 531); 4° les récoltes pendantes par les racines et les fruits des arbres non encore recueillis; 5° les bois taillis et les futaies; 6° les tuyaux servant à la conduite des eaux dans une maison ou dans un autre héritage.

Les bâtiments étant les seuls immeubles par leur nature le seront toujours indépendamment de la qualité du constructeur, qu'il soit ou non propriétaire du sol ou des matériaux. Cependant l'action du constructeur qui a droit, soit à une indemnité, soit à reprendre ses matériaux, s'il a bâti de bonne foi sur le terrain d'autrui, est mobilière; car elle tend à revendiquer de l'argent qui est une chose mobilière. Les constructions simplement posées sur le sol sans fondements ni pilotis, comme une tente, une boutique de foire, n'étant pas destinées à rester à perpétuelle demeure, ne sont pas rangées dans la classe des immeubles ; elles sont donc meubles.

Remarquons qu'à l'égard du propriétaire du fonds, les bois taillis, futaies, récoltes pendantes par racines, etc., sont des choses immobilières, et que par rapport au possesseur du fonds (locataire, emphytéote), ces choses sont mobilières, car leur droit n'a pour objet que la perception des fruits, qui est une chose mobilière. Enfin, les mines doivent encore être rangées au nombre des immeubles par nature.

2e CLASSE.

Immeubles par destination.

La loi appelle immeubles par destination les objets mobiliers qui prennent la nature d'un fonds auquel ils sont unis par une attache physique et matérielle. Sont immeubles par destination, les objets mobiliers qui prennent la nature d'un fonds auquel ils sont unis par une attache purement morale ou par une attache physique et matérielle.

Sont immeubles par destination :

1° Les objets que le propriétaire d'un fonds y a placés pour le service et l'exploitation de ce fonds ;

2° Tous les effets mobiliers que le propriétaire a attachés au sol à perpétuelle demeure.

Deux conditions sont essentielles pour que des meubles deviennent des immeubles ; il faut : 1° que ces objets aient été placés sur le fonds par le propriétaire, et 2° que les meubles aient été placés sur le fonds pour son service ou son exploitation, ou bien à perpétuelle demeure.

Ainsi, sont meubles par destination, quand ils ont été

placés par le propriétaire pour le service et l'exploitation de ce fonds :

1° Les animaux attachés à la culture des terres; ajoutons et à l'exploitation du fonds, c'est-à-dire les bêtes de somme (bœufs ou chevaux) et les animaux destinés à être engraissés. On ne doit compter dans cette classe que les animaux nécessaires à l'exploitation et non les chevaux de luxe destinés seulement à l'agrément;

2° Les ustensiles aratoires.

(La coutume de Normandie regardait autrefois comme meubles les choses énoncées dans les paragraphes 1° et 2°.)

3° Les semences données au fermier ou colon partiaire.

Le fermier est celui qui exploite à son profit un fonds qui ne lui appartient pas, mais à la charge de payer au propriétaire une certaine somme d'argent.

On appelle métayer ou colon partiaire celui qui exploite le fonds d'un autre, à la charge par lui de laisser au propriétaire une portion, ordinairement la moitié, la *meta* d'où métayer, des fruits qu'il recueille.

Quant aux pigeons des colombiers, lapins des garennes, poissons des étangs, ainsi que les titres de propriété d'un immeuble, les clefs d'un appartement, les échalas d'un vignoble, etc., ces choses n'étant pas possédées par et pour elles-mêmes, mais seulement comme faisant partie d'un tout immobilier, leur rapport intime avec l'immeuble suffit pour les immobiliser. C'est ce qui fait dire à Pothier que le propriétaire d'un colombier où il y a des pigeons, d'une garenne où il y a des lapins, etc., est propriétaire d'un colombier peuplé de pigeons, d'une garenne où il y a des lapins, etc., plutôt qu'il ne l'est des pigeons et des lapins qui y sont, car *accessorium sequitur principale.*

Quant aux pigeons renfermés dans une volière, aux lapins

nourris dans un grenier, aux poissons placés dans un réservoir, etc.; comme ils sont à notre disposition quand nous les voulons prendre et indépendamment du lieu où ils sont, cette règle ne leur est pas applicable, ils sont donc meubles.

4° Les ruches à miel.

Dans cette classe figurent encore les pressoirs, chaudières, alambics, cuves et tonnes, les ustensiles nécessaires à l'exploitation des forges, papeteries et autres usines, les pailles et engrais, ajoutons et les instruments destinés à l'exploitation des mines.

Cette énumération n'est pas généralement regardée comme limitative; la loi n'a seulement voulu que guider les juges sur les contestations de ce genre.

L'ancienne jurisprudence ne connaissait d'autres immeubles par destination que les objets adhérents au sol, tels que les échalas, vignes, etc.; mais la loi a suivi l'opinion de Pothier (Traité de la communauté, n° 44).

Quant à la deuxième condition (sont immeubles par destination les objets que le propriétaire d'un fonds y a placés pour le service et l'exploitation de ce fonds), la loi établit des présomptions qui permettront aux juges de reconnaître quand un objet aura été placé sur un fonds à perpétuelle demeure. Ces présomptions sont fondées soit sur la difficulté d'enlever les objets sans fracture ou détérioration, soit sur le vide que laisseraient les objets enlevés.

On range dans cette classe :

1° Les glaces d'un appartement; elles sont censées mises à perpétuelle demeure, lorsque le parquet sur lequel elles sont fixées fait corps avec la boiserie. 2° Les placards ou armoires faisant corps avec la boiserie. 3° Les statues placées dans des niches faites exprès pour les recevoir, ou sur un socle fixé en terre pour le même objet. 4° Enfin les tableaux et ornements encadrés dans les boiseries d'un appartement.

3ᵉ CLASSE.

Immeubles par l'objet auquel ils s'appliquent.

Les droits sont mobiliers ou immobiliers, suivant qu'ils ont pour objet un meuble ou un immeuble. Cette troisième classe ne renferme que des droits auxquels la loi attribue la qualité d'immeubles, des droits immobiliers.

Sont donc immeubles : 1° L'usufruit, l'usage et le droit d'habitation, quand ils sont établis sur un immeuble. 2° Les servitudes réelles, car dans tous les cas elles ne peuvent être établies que sur un immeuble. 3° Les actions qui tendent à revendiquer un immeuble.

Certaines actions mobilières d'après leur objet peuvent néanmoins devenir immobilières par une déclaration formelle de la personne qui les détient : telles sont les rentes sur l'État (Décret du 1ᵉʳ mars 1808) ; les actions de la Banque de France (Décret du 14 janvier 1808); enfin les actions des canaux d'Orléans et du Loing (Décret des 3 et 16 mars 1808). Ces immeubles forment une quatrième classe, non désignée dans le Code, et on peut dire qu'ils le sont par la détermination de la loi.

DES MEUBLES.

On distingue deux sortes de meubles : 1° les meubles par leur nature, et 2° les meubles par la détermination de la loi.

1ʳᵉ *classe.*—Sont meubles par leur nature les corps qui peuvent se transporter d'un lieu dans un autre, soit qu'ils se meuvent par eux-mêmes, comme les animaux, soit qu'ils ne puissent changer de place que par l'effet d'une force étrangère, comme les corps inanimés. De ce nombre, sont les bateaux, bacs, navires, moulins et bains sur les bateaux, et généralement toute usine non fixée sur piliers et ne faisant point partie de la maison.

Dans cette classe, on doit encore comprendre les matériaux provenant d'édifices démolis, ou assemblés pour la construction d'un édifice, tant qu'ils ne sont pas employés ; ceux provisoirement enlevés d'une construction pour y être replacés immédiatement, resteraient immeubles.

2ᵉ classe. — Meubles par la détermination de la loi. — Dans cette classe se trouvent : 1° les obligations et actions qui ont pour objet des sommes exigibles ou des effets mobiliers. (Le mot *exigible* est ici employé en opposition avec le mot *rente*, dont le capital ne peut pas être exigé par le créancier de la rente). 2° Les actions et intérêts dans les compagnies de finance, de commerce et d'industrie, et les rentes perpétuelles ou viagères.

L'action et l'intérêt diffèrent sous deux rapports. Les actions dans les compagnies de finance, de commerce et d'industrie, sont les droits des associés, qui ne répondent des dettes de la société que dans la limite de leur apport. L'action est essentiellement indépendante de la personne qui la possède. Les intérêts sont les droits des associés qui sont tenus des dettes *in infinitum*. L'intérêt est tout personnel.

Ces actions ne sont meubles que par rapport aux associés, c'est-à-dire que la société, personne civile, n'en conserve pas moins des droits immobiliers sur les biens fonds qui font partie de l'actif social.

On appelle rente le droit d'exiger des prestations périodiques nommées arrérages. Les rentes sont perpétuelles ou viagères.

Elles sont perpétuelles lorsqu'elles donnent le droit indéfini d'exiger, à des termes périodiques, les revenus d'un capital,

capital non exigible de la part du créancier, mais toujours remboursable au gré du débiteur. La rente est dite viagère lorsqu'elle donne le droit d'exiger, pendant la vie d'une personne déterminée, les intérêts d'un capital, capital qui n'est ni exigible de la part du créancier, ni remboursable de la part du débiteur.

Notre ancien droit distinguait deux espèces de rentes, les rentes foncières et les rentes constituées. Les rentes foncières étaient de véritables démembrements de la propriété. Elles étaient dues par l'immeuble ; on ne pouvait s'en affranchir qu'en déguerpissant. Les rentes constituées qui avaient pour origine l'aliénation d'une somme d'argent ou d'un immeuble étaient essentiellement rachetables. Cependant plusieurs coutumes les rangeaient parmi les immeubles. Aujourd'hui toutes les rentes sont rachetables et mobilières. Cependant, quant aux rentes fondées sur l'aliénation d'un immeuble, il est permis au créancier de régler les clauses et conditions du rachat, et de plus on peut suspendre pendant trente ans la faculté de rachat, ce qui ne peut avoir lieu que pendant dix ans dans le cas de rente constituée.

Dans l'ancien droit on était loin de s'accorder sur la valeur qu'il fallait donner aux mots *meubles, mobiliers et effets mobiliers*, etc. La loi a cherché dans les art. 533 à 536 à établir des différences entre ces expressions généralement employées.

Et d'abord, quant au mot *meubles*, l'art. 533 nous le définit par voie d'exclusion, c'est-à-dire qu'il nous apprend ce à quoi il ne doit pas s'appliquer, sans nous dire ce à quoi il s'applique. Pour ce qui est des mots *meubles meublants*, la loi est explicite : ces mots s'appliquent à tout ce qui sert à garnir ou orner une maison. Les expressions de *biens meubles, mobiliers, effets mobiliers* doivent s'entendre de tout ce qui n'est pas immeuble. La vente ou le don d'une maison meublée ne comprendra que les meubles meublants; la vente ou le don d'une maison avec tout ce qu'elle contient ne comprendra pas les sommes d'argent, titres de créances, etc. Remarquons toutefois que ces expressions ne sont pas limitatives : de là des controverses aussi vives qu'autrefois.

DES BIENS DANS LEUR RAPPORT AVEC CEUX QUI LES POSSÈDENT.

Les biens appartiennent soit à des particuliers qui en ont la libre disposition et jouissance, sauf les modifications apportées par la loi, soit à des corporations ou personnes morales, comme l'État, les communes, les établissements publics. Ces biens sont donc privés ou non privés. Ces derniers comprennent : 1° les biens de la nation ; 2° les biens des communes ; 3° les biens des départements ; 4° les biens des établissements publics.

BIENS PRIVÉS.

Aucune loi ne peut atteindre les biens de cette classe ; les particuliers gèrent et administrent eux-mêmes leurs biens et en ont la libre disposition, à moins : 1° qu'ils ne soient mineurs ou interdits, ou plus généralement incapables, auquel cas l'administration et la gestion de leur patrimoine sont soumises à des règles particulières ; 2° que la disposition qu'ils en veulent faire ne soit pas défendue par une loi spéciale.

BIENS NON PRIVÉS.

Les biens non privés, comme nous l'avons vu plus haut, comprennent : 1° les biens de la nation ; 2° les biens des communes ; 3° les biens des départements ; 4° les biens des établissements publics. Les biens qui appartiennent à la nation se divisent en trois grandes classes : 1° les biens du domaine public; 2° les biens du domaine de l'État; 3° les biens de la liste civile.

BIENS DU DOMAINE PUBLIC.

Les biens du domaine public sont ceux qui sont affectés à une destination telle et si essentiellement liée à l'ordre public et à l'intérêt général qu'ils ne peuvent jamais tomber dans le domaine privé d'un particulier : tels sont les chemins, routes et rues à la charge de l'État, les fleuves, etc. (538). Ils sont donc par leur nature inaliénables (537) et imprescriptibles (2226).

BIENS DU DOMAINE DE L'ÉTAT.

Les biens du domaine de l'État sont ceux qui ne sont pas incompatibles avec une propriété privée, sans pour cela perdre leur nature ni leur destination présente : tels sont les prés, bois, vignes et les biens mobiliers composant les successions que l'État acquiert par droit de déshérence (768). Ces biens-là sont prescriptibles (538), comme ceux des particuliers, mais leur administration est soumise à des règles particulières.

Il importe de signaler une inexactitude qui s'est glissée dans l'art. 539, qui classe parmi les biens du trésor public les biens des personnes vacants et sans maîtres et ceux des personnes qui décèdent sans héritiers. Ces biens font partie du domaine privé, car ils sont susceptibles de propriété privée.

BIENS DE LA LISTE CIVILE.

Les biens de la liste civile sont ceux qu'une loi attribue au chef de l'État.

Nous avons vu que les biens faisant partie du domaine public étaient inaliénables et imprescriptibles, mais ils ne sont tels que lorsqu'ils conservent leur nature propre ; s'ils perdent leur destination première, ils tombent assurément dans le domaine privé. C'est donc par erreur que le législateur (art. 541) a dit qu'ils faisaient de même partie du domaine public. Ainsi des terrains, des fortifications et des remparts de places qui ne sont plus places de guerre appartiennent toujours à l'État et tombent dans le domaine privé : ils sont donc aliénables et prescriptibles (541).

BIENS DES COMMUNES.

Les communes ont aussi leur domaine public et leur domaine privé. Leur domaine public se compose des biens publics communaux, c'est-à-dire de biens affectés à un service public, comme les rues, les chemins vicinaux, les églises, les cimetières et la maison commune. Ils sont donc hors du commerce, c'est-à-dire inaliénables et imprescriptibles. Le domaine privé se compose : 1° de biens patrimoniaux, c'est-à-dire ceux qui, n'étant point destinés à un service public, sont exploités, loués ou affermés au profit de la caisse communale, qui en perçoit les revenus ; 2° de biens communaux proprement dits, c'est-à-dire ceux dont la jouissance en nature est laissée aux habitants de la commune : tels sont les pâturages où ils envoient les troupeaux, les bois dont les coupes leur sont distribuées. Les biens patrimoniaux et les biens communaux n'étant point hors du commerce sont donc aliénables et prescriptibles (2227).

BIENS DES ÉTABLISSEMENTS PUBLICS.

Les mêmes règles s'appliquent aux biens des établissements

publics. Tout ce qui est dans le domaine privé est aliénable et prescriptible; le contraire arrive pour le domaine public. L'art. 543, qui s'applique tant aux particuliers qu'aux personnes publiques pour leurs biens patrimoniaux, établit les divers droits qu'on peut avoir sur les biens (lisez choses). Ces droits sont ceux de propriété, de jouissance, de servitude, etc. Mais cette énumération ne doit pas être regardée comme limitative, puisqu'une foule d'autres droits, tels que ceux d'hypothèque, de gage, d'antichrèse, d'emphytéose, etc., qui ne sont ni la pleine propriété, ni des droits de jouissance, ni des services à prendre, n'y sont pas compris.

DROIT ADMINISTRATIF.

DE LA POLICE DE LA GRANDE VOIRIE.

(Lois du 29 floréal an X et du 23 mars 1842.)

La loi du 28 pluviôse an X avait déféré aux conseils de préfecture le jugement des difficultés qui s'élèveraient en matière de grande voirie; mais il restait encore à décider si les conseils de préfecture seraient compétents même en matière de contravention. La loi du 29 floréal an X a remédié à cet inconvénient.

Quant aux questions de propriété, elles sont toujours tranchées par les tribunaux civils; par conséquent, la juridiction des conseils de préfecture ne leur est pas applicable. Ces derniers ont simplement à juger les difficultés qui peuvent s'élever à raison d'empiétements, du refus de recevoir les terres provenant du curage des fossés; enfin, de toutes les charges à supporter par les riverains d'une grande route.

L'art. 1er passe en revue les contraventions de grande voirie et déclare qu'elles seront constatées, réprimées et poursuivies par la voie administrative. Mais cette énumération n'est pas limitative ; c'est ce qui ressort évidemment de la formule suivante (Les contraventions, telles que dépôt, etc.). Ainsi, les faits non désignés dans cette énonciation, mais qui ont avec eux de l'analogie, sont également de la compétence des conseils de préfecture.

La juridiction des conseils de préfecture a deux caractères bien différents: 1° celui de juridiction ordinaire; 2° celui de juridiction extraordinaire. La juridiction ordinaire, qui constitue véritablement le tribunal administratif, s'applique à tous les faits d'anticipation, pour ordonner le rétablissement des choses dans leur état primitif, afin d'assurer la viabilité des chemins, routes, fleuves et rivières navigables. La juridiction extraordinaire est celle qui donne aux conseils de préfecture le droit de statuer sur les détériorations des chemins, fleuves, etc., pour l'application des amendes aux auteurs de ces délits.

En matière de contravention, les conseils de préfecture connaissent des dégâts commis sur les voies de communication comprises dans la grande voirie. Dans la grande voirie, sont compris les routes impériales et départementales, les chemins de fer, les rues de Paris et de plusieurs villes, et même les rues des villes et des villages considérées comme prolongement de chemins dépendant de la grande voirie, les fleuves et les rivières, à partir du point où ils deviennent navigables.

Quant à la constatation de ces contraventions, elle est faite, concurremment avec les maires ou adjoints, par les ingénieurs des ponts-et-chaussées, et par leurs conducteurs (loi du 23 mars 1842), par les agents de la navigation, les commissaires de police, la gendarmerie, par les employés des contributions et des octrois (décret du 18 août 1830), enfin par les cantonniers et gardes champêtres.

Il importe toutefois de remarquer que d'après l'art. 154 du Code d'instruction criminelle, les procès-verbaux des employés des contributions et octrois, cantonniers et gardes champêtres, ne font foi que jusqu'à preuve contraire et non inscription de faux.

Les procès-verbaux sont transmis au sous-préfet, qui peut ordonner par provision, sauf recours au préfet, les mesures urgentes.

Enfin, le conseil de préfecture statue définitivement, c'est-à-dire que sa décision n'est pas provisoire comme celle du préfet, mais elle est toujours susceptible d'appel au conseil d'État.

Les arrêtés sont exécutés sans visa ni mandement des tribunaux, par des garnisaires, et ils emportent hypothèque judiciaire.

La loi des 19-22 juillet 1791 sur la police municipale et correctionnelle passe sous silence les délits en matière de voirie et les peines qui pourraient être applicables à leurs auteurs. Les anciens règlements auxquels se référait la loi du 29 floréal an X distinguaient deux sortes de peines. Certains délits étaient punis d'une amende fixe, et d'autres d'une amende arbitraire, laissée à l'appréciation des juges ; de là beaucoup d'abus. La loi du 23 mars 1842 eut pour but de les faire disparaître. Elle décida que toutes les amendes des sommes fixes pourront être abaissées jusqu'au vingtième, eu égard au degré d'importance et aux circonstances atténuantes du délit, et que les amendes laissées à l'arbitraire du juge varieront entre un maximun de 300 fr. et un minimun de 16 fr. Dans tous les cas, l'amende ne peut être inférieure à 16 fr.

Ajoutons enfin que les tribunaux administratifs ne peuvent jamais prononcer l'emprisonnement, que la prescription est la même qu'en matière de contravention : un an pour l'action, deux ans pour la peine (art. 639, 640, Code inst. crim.).

DE LA POLICE DES CHEMINS DE FER.

(Loi du 15 juillet 1845.)

La loi sur la police des chemins de fer comprend deux séries de dispositions bien distinctes : les premières, qui ont pour but la conservation des chemins, sont comprises sous les deux premiers titres de la loi ; les secondes, qui doivent en assurer la circulation et prononcent une pénalité contre les personnes y mettant obstacle, sont renfermées dans le dernier titre.

Les deux premiers titres s'occupent de la nature des chemins de fer, des servitudes imposées aux propriétés riveraines, des pénalités contre les concessionnaires qui n'ont pas exécuté les clauses du cahier des charges.

L'art. 1er nous dit que les chemins de fer font partie de la grande voirie ; de là il résulte : 1° que les chemins de fer font partie du domaine public, qu'ils soient ou non entre les mains des compagnies qui n'ont ici que la qualité de fermiers ; 2° que les tribunaux administratifs sont compétents pour juger toutes les questions contentieuses soulevées à l'occasion des chemins de fer, soit entre l'État et les particuliers, soit entre l'État et les concessionnaires.

Quoique les chemins de fer fassent partie de la grande voirie, cependant tous les règlements y relatifs ne leur sont pas applicables ; il n'y aura seulement que ceux qui ont pour objet d'assurer la conservation des fossés, talus, levées et ouvrages d'art, d'empêcher le pacage des bestiaux, les dépôts de terre, etc. De plus une clôture désignée par l'administration devra entourer les chemins de fer.

A côté des obligations imposées, soit aux constructeurs de chemins de fer, soit aux particuliers, se placent les servitudes riveraines des chemins de fer. Ces servitudes sont de deux sortes : les unes sont absolues, c'est-à-dire que la propriété voisine ne peut jamais s'y soustraire ; les autres, au contraire, peuvent être restreintes ou abandonnées momentanément par l'administration.

Parmi les premières on comprendra l'obligation de ne pas construire, excepté des murs de clôture, à moins de deux mètres des chemins de fer ; de ne pas établir, dans une distance de moins de vingt mètres, des couvertures en chaume, des meules de paille et foin, etc.

La seconde catégorie embrassera les excavations dans un certain rayon, les dépôts de pierres et autres objets non inflammables dans une distance de moins de cinq mètres.

Les contraventions à ces dispositions sont constatées et punies comme en matière de grande voirie.

Quant aux contraventions des concessionnaires aux clauses du cahier des charges, elles sont constatées par les mêmes agents et punies d'une amende de 300 à 3,000 fr.

Pour les pénalités établies contre ceux qui mettent obstacle à la circulation sur les chemins de fer, la loi prévoit deux sortes de délits ou crimes : ceux qui sont commis avec intention criminelle ; ceux qui sont commis par négligence ou imprudence. Tous deux sont punis de peines très-sévères et qui s'élèvent, dans le cas de négligence ou imprudence, lorsque le délit a coûté la vie à une ou plusieurs personnes.

Les employés, chefs de trains, mécaniciens, qui quittent simplement leur poste, sont soumis à une pénalité particulière.

Enfin, la loi proclame la responsabilité civile des compagnies concessionnaires, ou de l'État si c'est lui qui exploite le chemin

Tous ces crimes ou délits sont, bien entendu, du ressort des tribunaux ordinaires. Ils peuvent être constatés par les employés assermentés des chemins de fer.

DE LA POLICE DU ROULAGE.

(Loi du 30 mai 1850.)

L'ancienne législation avait soumis la circulation des voitures publiques et des voitures de roulage à certaines restrictions dans l'intérêt de la conservation des routes.

Elle fixait des maximum de poids qu'il n'était pas permis de dépasser et que l'on supposait proportionnés, d'abord au nombre des chevaux, ensuite à la largeur des jantes. Pour constater les contraventions on avait fini par établir des ponts à bascule.

La loi de 1850 enlève tous ces obstacles à la libre circulation et se contente d'imposer aux rouliers et messagers certaines obligations dans un intérêt général.

La principale de ces obligations est de porter une plaque indiquant le nom du propriétaire de la voiture. Exception est faite pour les voitures de maîtres, les malles-postes et les voitures appartenant aux administrations de l'armée ou de la marine, et encore les voitures portant les récoltes à la ferme ou au marché.

L'inobservation de cette formalité entraîne une amende pour le propriétaire de la voiture et le conducteur. Cette amende sera prononcée par le juge de paix, et même, si le propriétaire est inconnu ou étranger, l'amende pourra être arbitrée provisoirement par le maire, et la voiture retenue à défaut de consignation ou de caution.

De plus, si la plaque est fausse ou porte un nom ou un domicile faux, le propriétaire et le conducteur peuvent être condamnés par le tribunal correctionnel à la prison.

En outre de cette obligation principale, les voituriers sont soumis à toutes celles qui résultent des règlements et arrêtés du gouvernement ou des administrations locales ayant pour objet la forme des bandes des roues, le maximum du nombre des chevaux, le mode d'enrayage, etc., tous règlements et arrêtés de police pris dans un intérêt d'ordre public.

Ils sont enfin tenus de réparer les routes et dépendances qui ont été détériorées par leur imprudence ou leur négligence, sans préjudice de l'amende qui devra être prononcée contre eux à ce sujet.

Les difficultés relatives à cette dernière obligation, ainsi que celles qui pourraient s'élever sur les règlements d'administration et arrêtés préfectoraux relatifs à la forme des moyeux, à la forme des bandes et raies, à la forme des clous des bandes, au maximum du nombre des chevaux, à la circulation en cas de dégel, à la largeur du chargement, à la saillie des colliers, au mode d'enrayage, sont de la compétence des conseils de préfecture.

Toutes autres difficultés seront portées devant les tribunaux ordinaires.

Les délits et contraventions seront constatés, tant par les officiers de police judiciaire ordinaires que par les agents administratifs préposés à l'entretien et à la confection des routes; et, en outre, par les employés des contributions indirectes et des poids et mesures.

Les procès-verbaux seront affirmés dans les trois jours, et enregistrés dans les trois jours qui suivront l'affirmation, à peine de nullité. Ils seront transmis, dans les deux jours, au sous-préfet, qui les enverra, soit au préfet, soit au procureur impérial. Si l'affaire est de la compétence du conseil de préfecture, citation est donnée dans le mois, et le conseil juge dans les deux mois.

L'opposition devant le conseil de préfecture est admise dans le délai de quarante jours après la notification administrative.

L'arrêté du conseil est aussi susceptible d'appel au conseil d'État. L'appel doit être interjeté dans les trois mois.

L'instance est périmée et l'action publique est éteinte par
mois, à moins de fausses indications sur la plaque, ou de faus
déclaration en cas d'absence de plaque. Dans ce cas, la prescri
tion est de cinq ans.

La prescription de l'amende est d'un an.

QUESTIONS.

I. Les deux conditions exigées par l'art. 519, pour qu'
moulin soit immeuble, n'ont pas besoin d'être réunies.

II. Le droit de propriété est incorporel.

III. Les biens vacants et sans maître, et ceux des personn
qui décèdent sans héritiers, tombent dans le domaine privé
non dans le domaine public (erreur de l'art. 539).

IV. Les arbres d'une pépinière qui sont placés dans un te
rain pour s'y fortifier, quoique ne devant pas y rester, so
immeubles.

V. L'action du constructeur qui a droit, soit à une inde
nité, soit à reprendre ses matériaux, s'il a bâti de bonne foi s
le terrain d'autrui, est mobilière.

VI. Les constructions simplement posées sur le sol, sans fo
dements ni pilotis, comme une tente, une boutique de foir
sont meubles.

VII. L'usufruitier n'immobilise pas les animaux, ustensil
aratoires, etc., qu'il place sur le fonds pour son service ou so
exploitation.

VIII. L'énumération des droits faite par l'art. 543 n'est p
complète.